KARIBU – Ein Verlag der Edel Verlagsgruppe
1. Auflage 2023
© 2023 Edel Verlagsgruppe GmbH, Kaiserstraße 14 a, 80801 München
Alle Rechte vorbehalten
Umschlag- und Innenillustrationen: Anna Aronson
Umschlaggestaltung & Satz: Lena Ellermann, Potsdam
Druck: aprinta druck GmbH, Wemding
ISBN: 978-3-96129-311-7
Printed in Germany
www.karibubuecher.de

AUGUST ZIRNER
ANNA ARONSON

STILLE
NACHT

KARIBU

Wenn eine Frau schwanger wird und die Schwangerschaft bald zur Geburt eines Kindes führt, hat sie schwer zu tragen. Das Gehen ist oft sehr anstrengend. Wenn sie dann auch noch eine weite Strecke zurücklegen muss, kann es sehr hilfreich und erleichternd sein, auf einem Pferderücken zu sitzen. Falls kein Pferd vorhanden ist, kann auch ein Esel gute Dienste leisten. In der folgenden Geschichte reitet eine Schwangere auf einem Esel. Einem ganz besonderen Esel.

Das Besondere an unserem Esel ist, dass er ein sehr ausge-
prägtes Gefühlsleben hat. Er ist einfühlsam. Man sieht es
Eseln oft nicht an, weil sie so stur und bockig wirken, aber
innen drinnen sind sie sehr sensibel. Wenn man es schafft,

einem Esel in die dunklen Augen zu schauen, kann man feststellen, dass er ein sehr einsames und auch trauriges Wesen hat. Das ist aber nicht schlimm, denn das lässt ihn auch sehr schöne Gedanken haben.

In der nun folgenden Geschichte erleben wir einen Esel,
der sich Sorgen oder, besser gesagt, Gedanken macht.
Viele Jahre später wird man ihm das zwar absprechen:
„Was? Ein Esel kann doch nicht denken!"
Aber allen Meinungen der anderen zum Trotz
macht sich unser Esel Gedanken!

Der Esel setzt bedächtig einen Huf vor den anderen und ist zuversichtlich, dass er und seine Begleiter sicher ans Ziel kommen werden. Das Ziel ist eine Stadt, in der eine Volkszählung stattfinden soll. Der Esel setzt behutsam seine Schritte, und auch seine Gedanken bewegen sich langsam, aber sicher.

Er spürt die Last auf seinem Rücken, die zwei Beine der Frau, die seitlich
auf ihm sitzt. Die Last lässt ihn so etwas wie Stolz empfinden.
Plötzlich wird ihm bewusst: „Ich trage ja vier Beine auf meinem Rücken!"
Denn die Frau, die auf ihm sitzt, ist schwanger.

„Wir sind ein Achtfüßler", denkt sich der Esel. „Meine vier Beine, die zwei Beine der Frau und die zwei Beine des ungeborenen Kindes."

„Du bist zu einem Teil unserer Familie geworden", sagt der Mann zum Esel. Die Ohren vom Esel werden ganz warm, und er denkt: „Der Mann ist immer so freundlich mit mir."

Er scheint dem Esel dankbar dafür zu sein, dass er seine schwangere
Frau trägt. Manchmal schaut er aber traurig oder einsam vor sich hin.
Er scheint auch nachzudenken. „So wie ich! ", findet der Esel.

Der Weg führt von einem steinigen Hang auf eine Wiese. Als seine Hufe das weiche Gras berühren und leicht in der warmen Erde einsinken, fällt dem Esel der nächtliche Besuch ein, den er vor einer Woche hatte. Der Esel ist sich nicht sicher, ob er noch geträumt hat.
Eine tiefe zarte Stimme hat ihm ins lange Ohr gesprochen: „Eines Tages wirst du Gottes Sohn auf deinem Rücken tragen!"

Jetzt fallen ihm die Worte wieder ein: warum Gottes Sohn?
Der Mann, der ihn führt, ist doch der Vater des Kindes auf seinem Rücken.
Der Mann, der ihn so gut behandelt, kümmert sich liebevoll um die Frau
auf seinem Rücken, und sie schaut ihn auch immer so vertrauensvoll an.
Der Esel fragt sich, ob der Mann vielleicht Gott ist.

Bald nach Einbruch der Dunkelheit erreichen sie ein kleines Städtchen.
Sie müssen einen Platz finden, wo sie die Nacht verbringen können.
Aber ein Gasthaus nach dem andern weist sie ab.
Manche Wirtshausbesitzer sind recht unfreundlich und schimpfen:
„Macht, dass ihr weiterkommt, Fremde!"

Doch der Mann bleibt
freundlich und kommt
immer wieder zu seiner
Frau und dem Esel zurück:
„Wir suchen weiter, wir
werden schon was finden."

Schließlich treffen sie einen freundlichen Mann, der durch die Stadt spaziert.
„Ihr schaut aber unglücklich", sagt er zu den Reisenden.
„Wir müssen irgendwo unterkommen, es wird kalt, und meine Frau ist
schwanger."
„Ich habe ein Haus, aber das ist ganz und gar belegt. Aber hinter dem Haus
ist ein Stall. Den kann ich euch für die Nacht überlassen."

Das ist dem Esel sehr recht, denn es gibt dort hervorragendes Stroh. Zufrieden kauend denkt er sich: „Was hab ich doch für ein Glück, dass ich mit so freundlichen Menschen unterwegs sein kann. Ich habe mich lange nicht so wohlgefühlt! Das Heu schmeckt wunderbar, und wir kommen alle zur Ruhe. Meine Hufe sind schön warm und tun mir gar nicht mehr weh …"
Plötzlich sagt der Mann: „Dank dir, lieber Esel, wird es im Stall immer wärmer!"
Der Esel mag den Mann richtig gerne.

In der Nacht geschieht etwas Wunderbares. Die Frau bringt
einen kleinen Menschen zur Welt. Der Esel erlebt alles mit,
und im Moment der Geburt scheint es ihm, als ob die Zeit
stehen geblieben wäre. Überhaupt fühlt es sich so an, als
würde alles um ihn herum – sogar das Heu – ein bisschen
schweben. Dem Esel wird fast schwindlig.

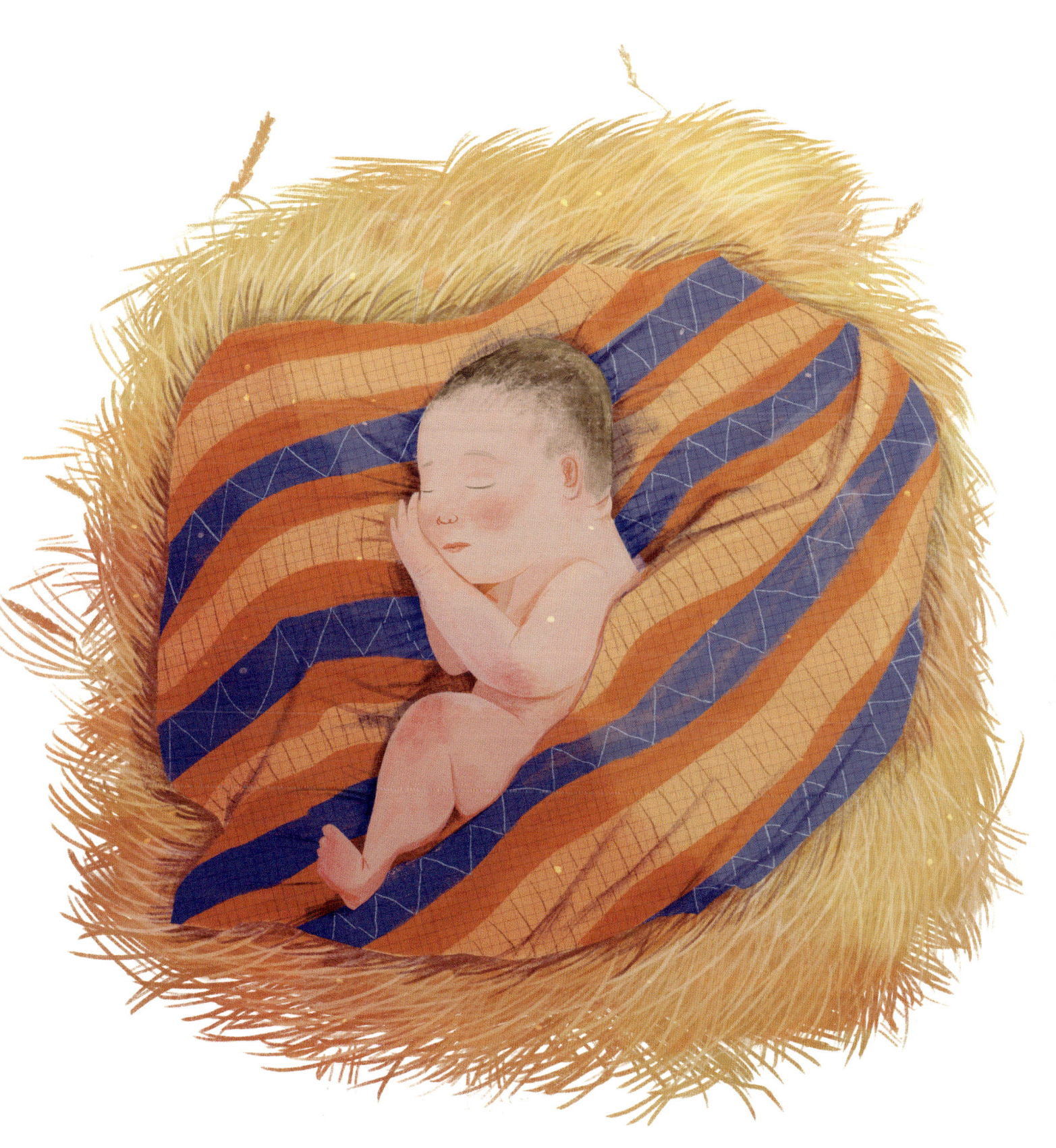

In diesem Zustand bemerkt der Esel etwas: Er sieht, wie die Frau das Kind betrachtet und wie sie dann hochblickt und den Mann betrachtet, er sieht, wie der Mann das Kind und dann die Frau betrachtet, und er sieht, wie Mann und Frau sich anschauen und leise lächeln und … da weiß der Esel Bescheid … Und seine großen, langen Ohren hören eine seltsame Stille.

„Was für eine schöne Nacht", denkt sich der Esel. Und in der Stille
lächeln der Mann und die Frau vor sich hin und schweigen.